This Book Belong To

_____

_____

_____

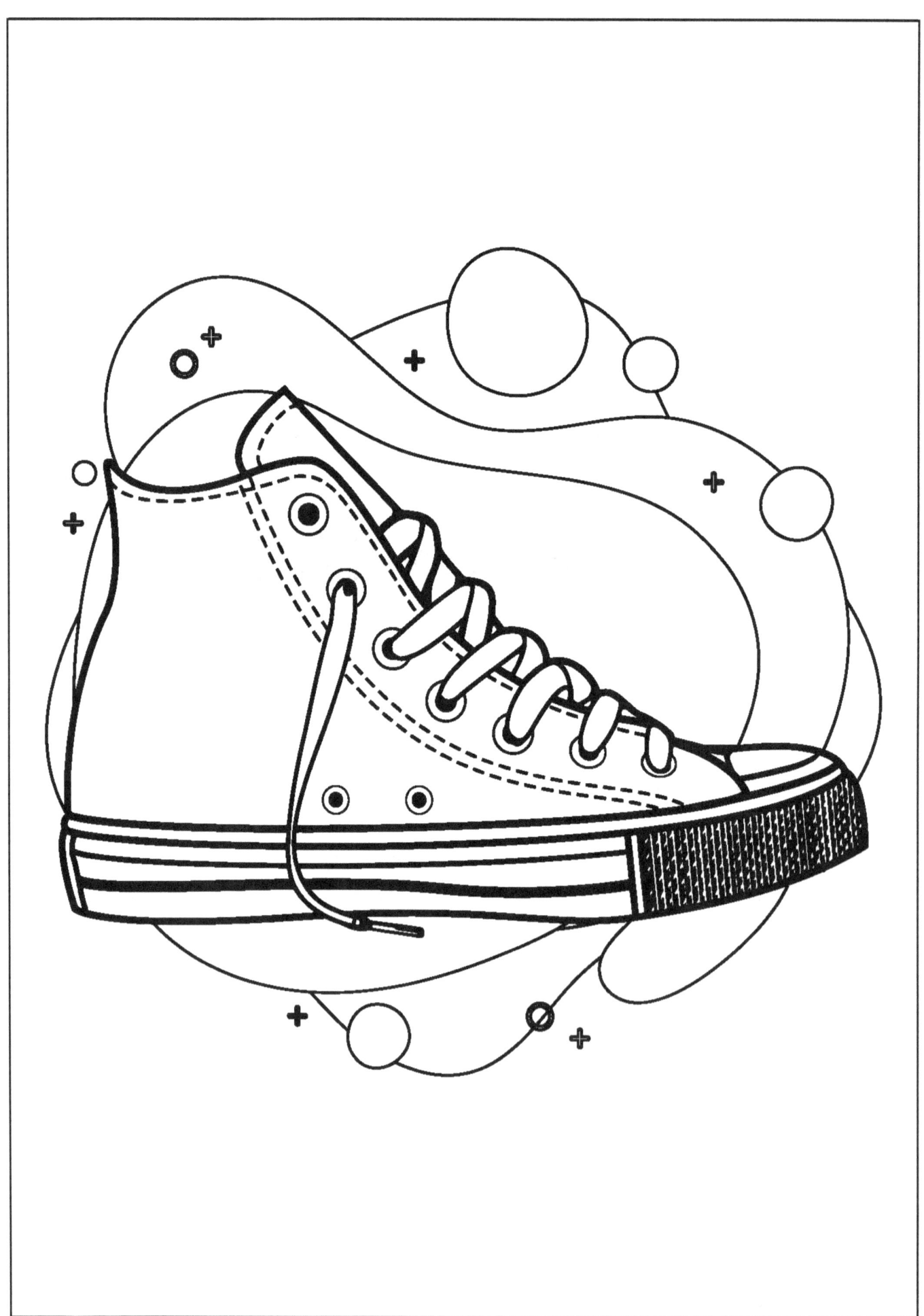

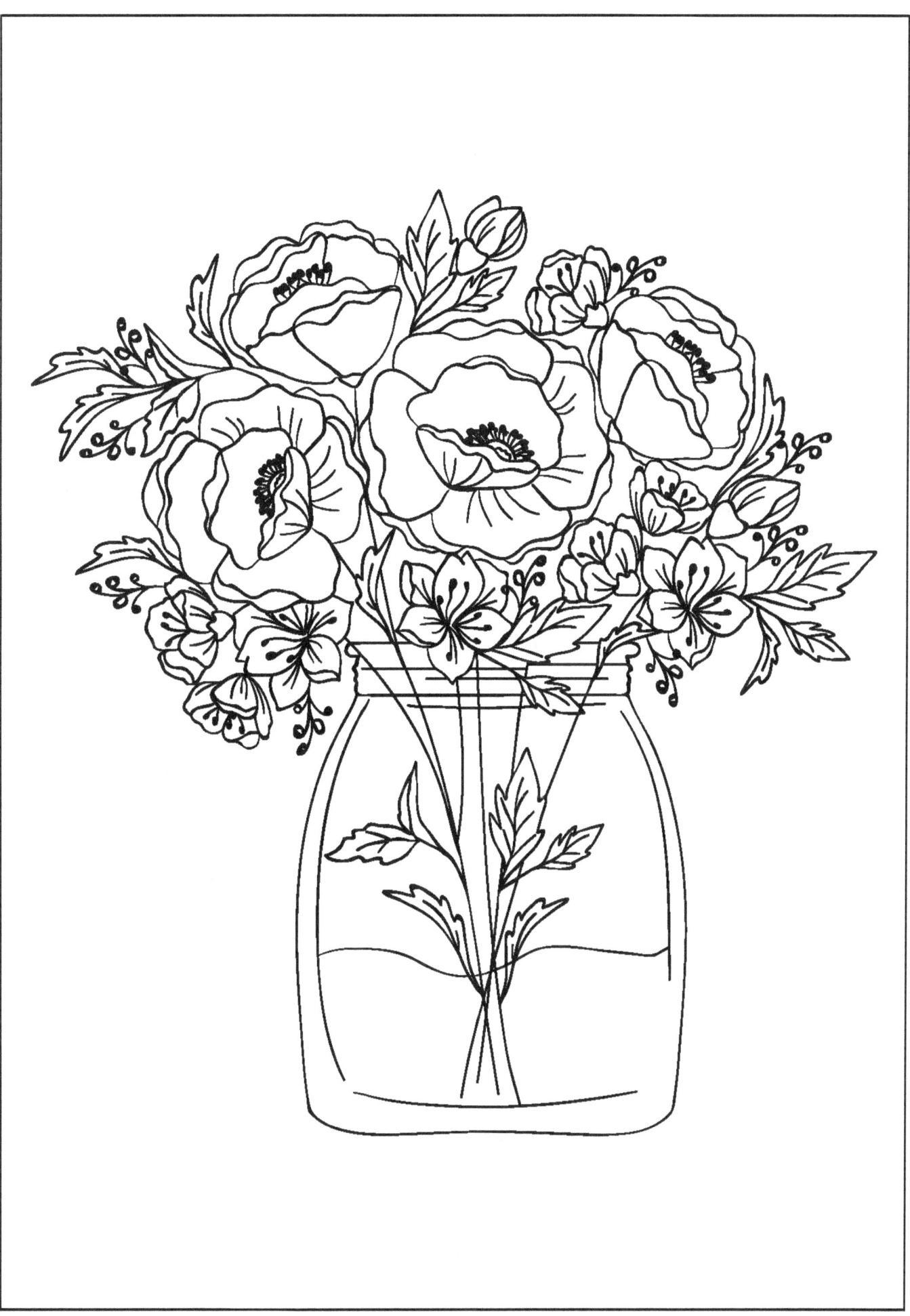

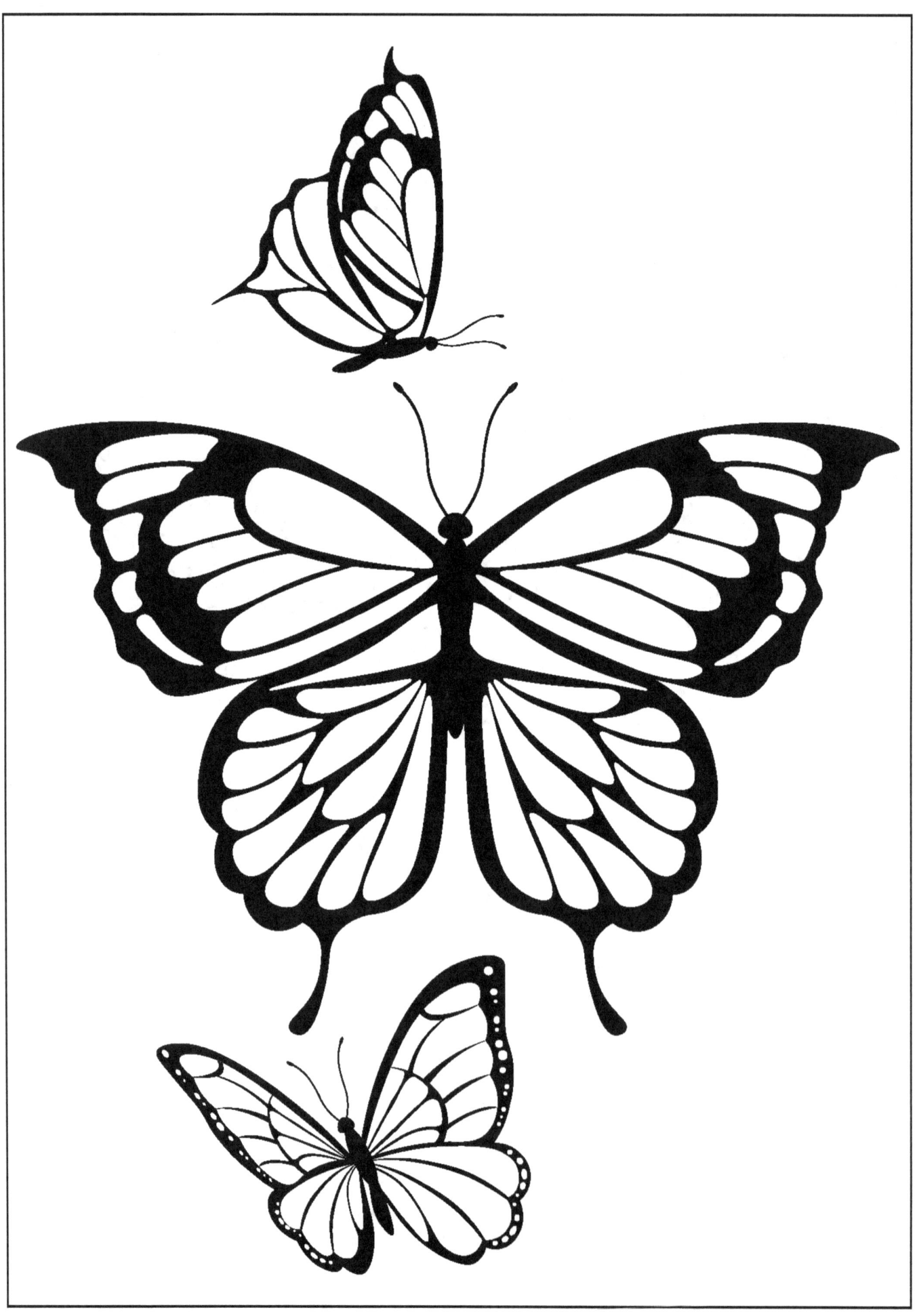

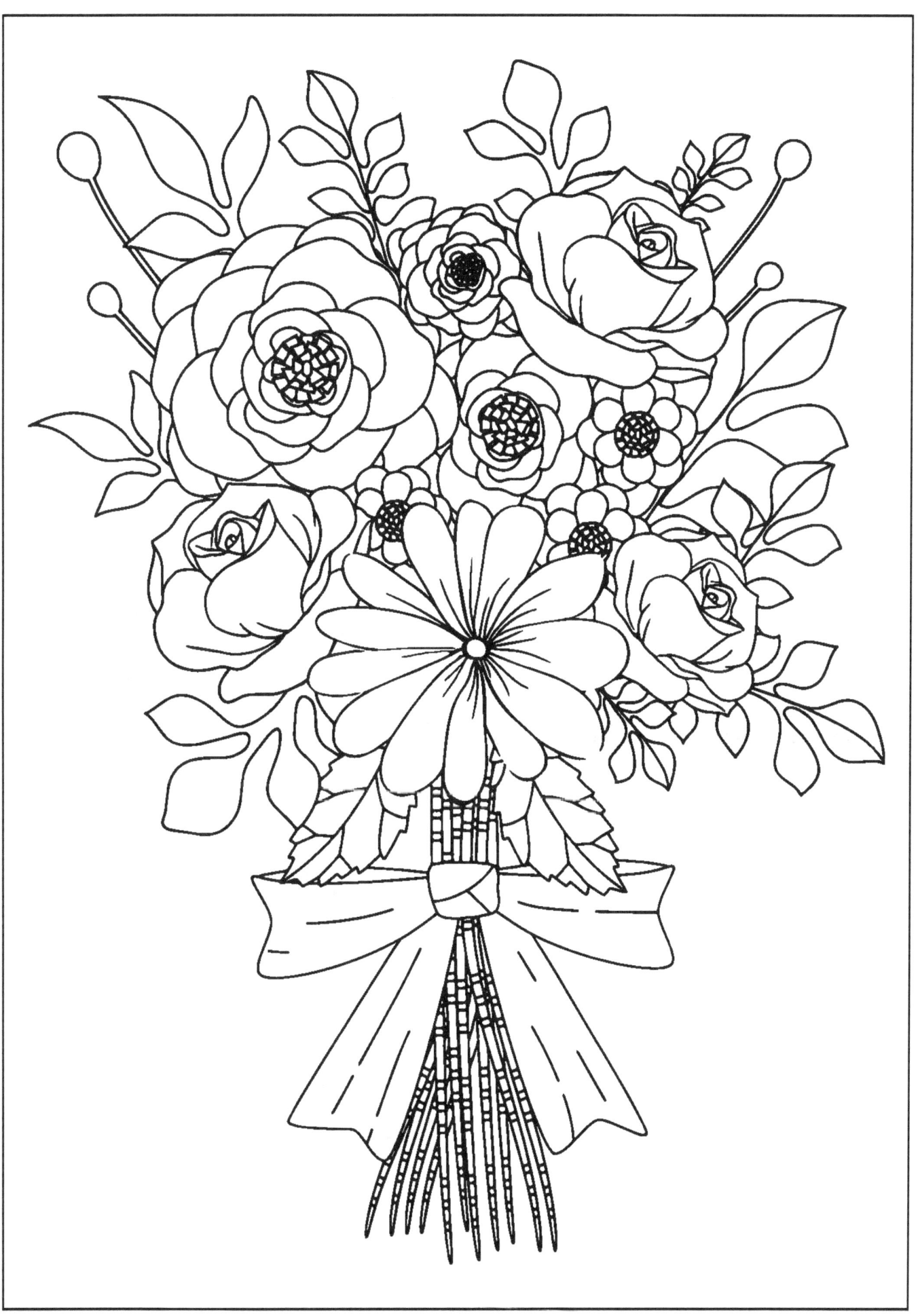

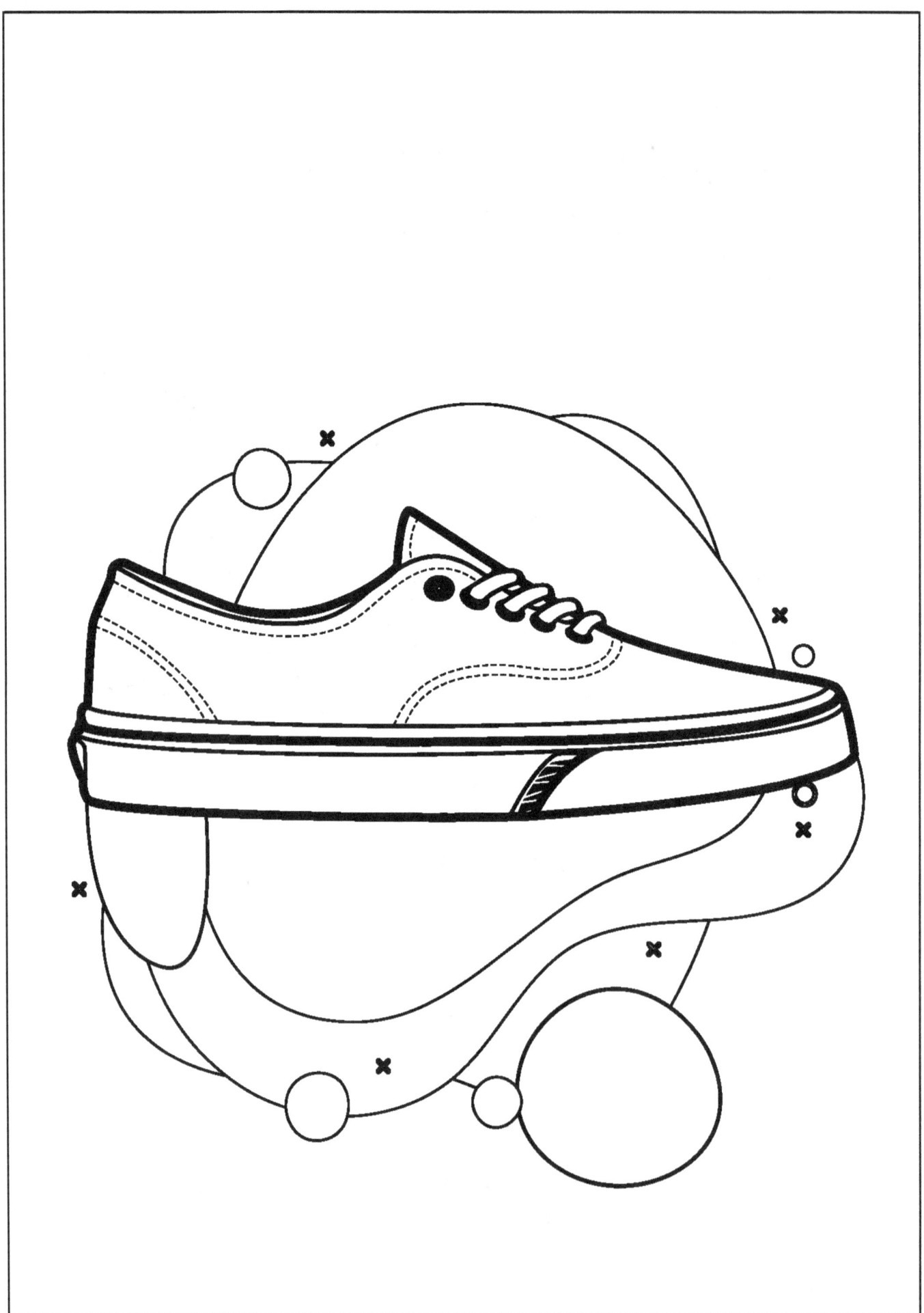

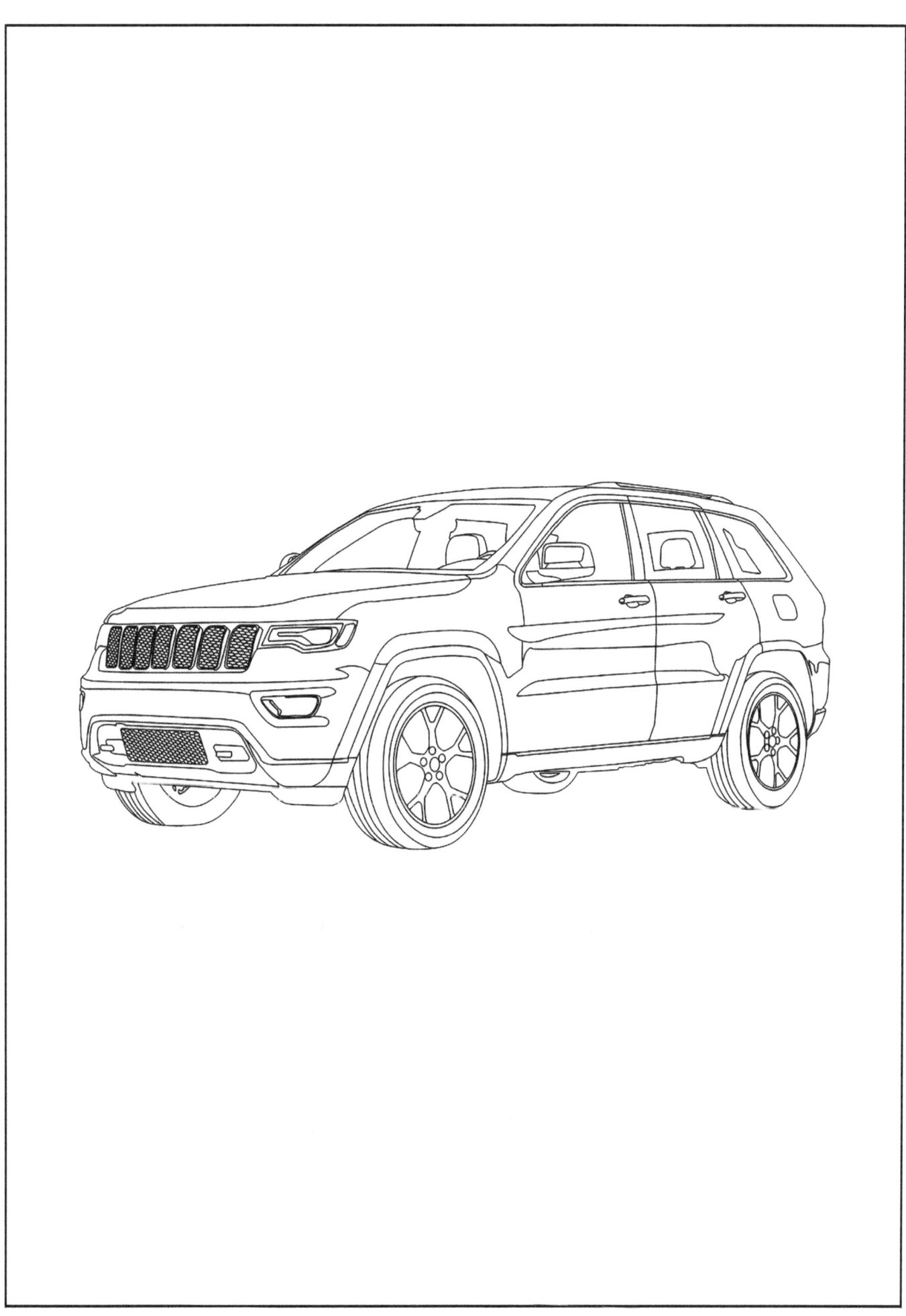

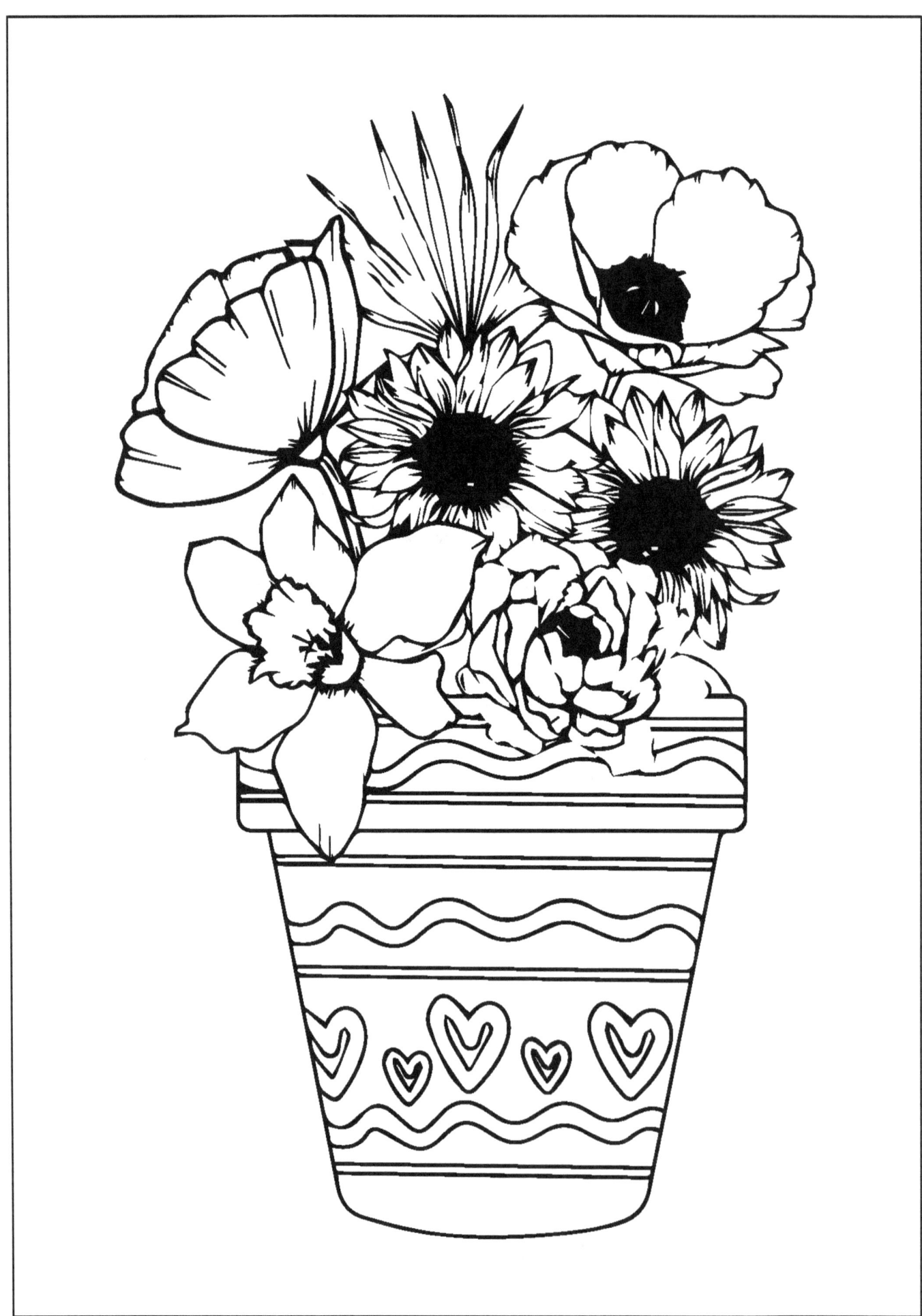

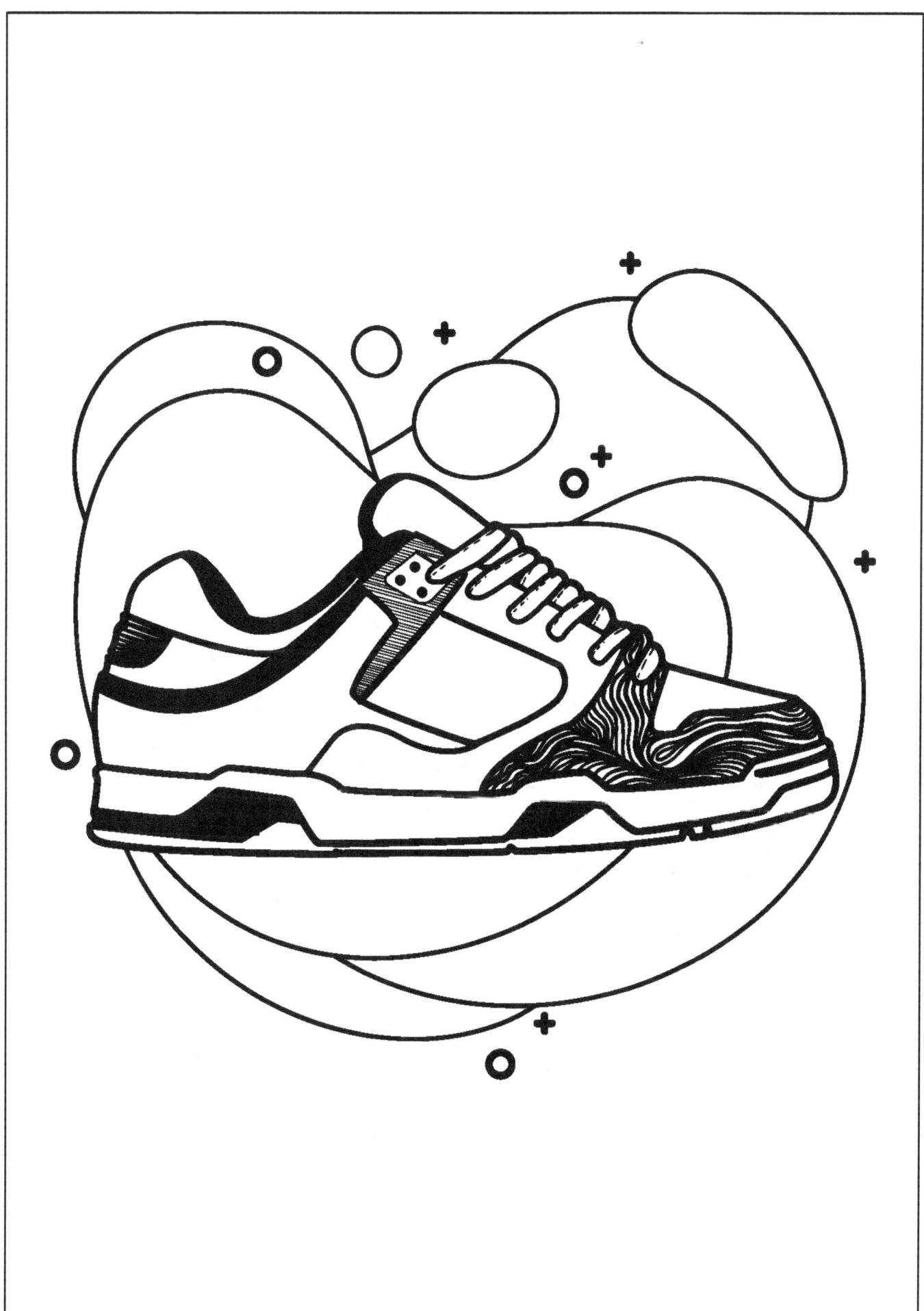

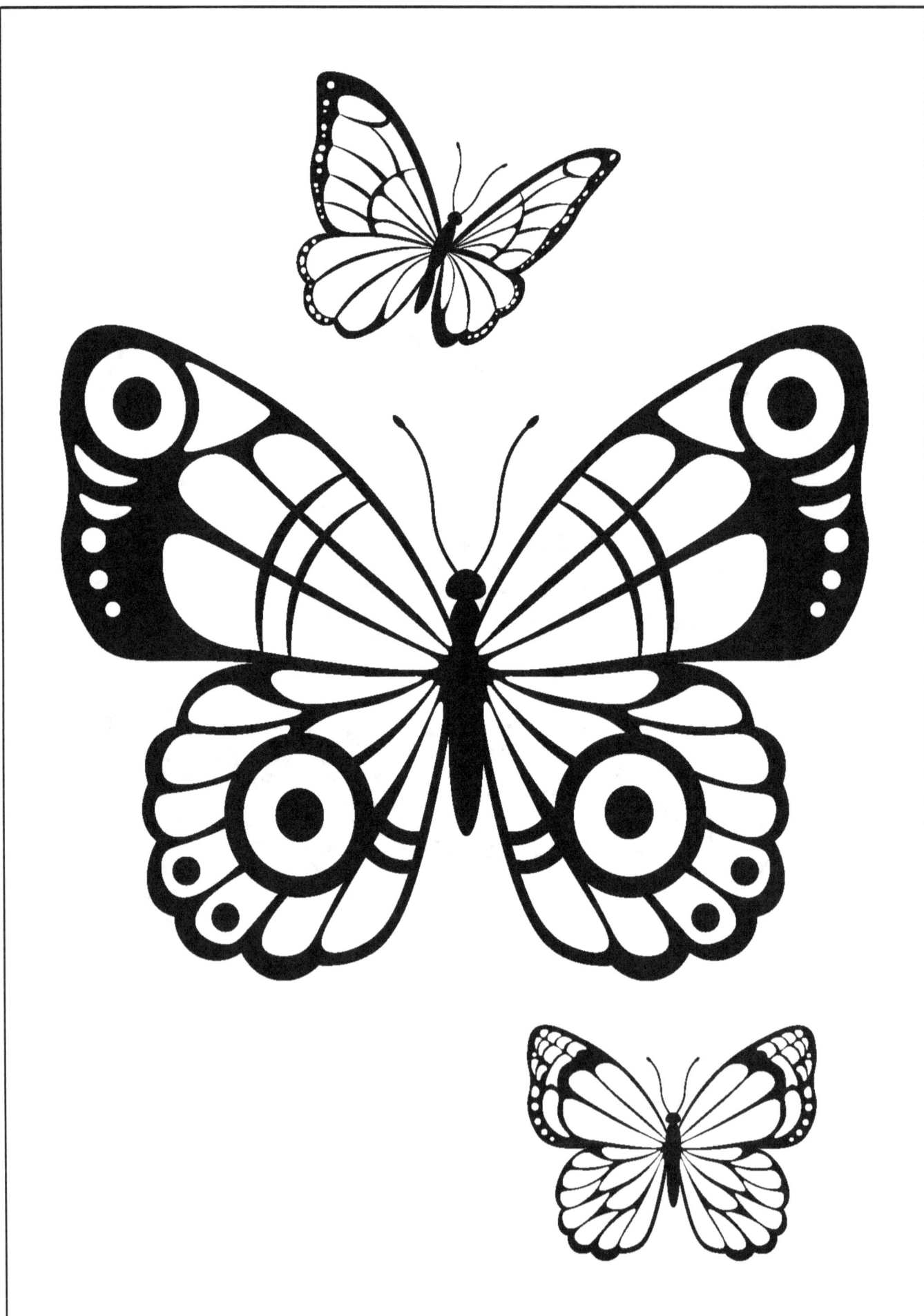

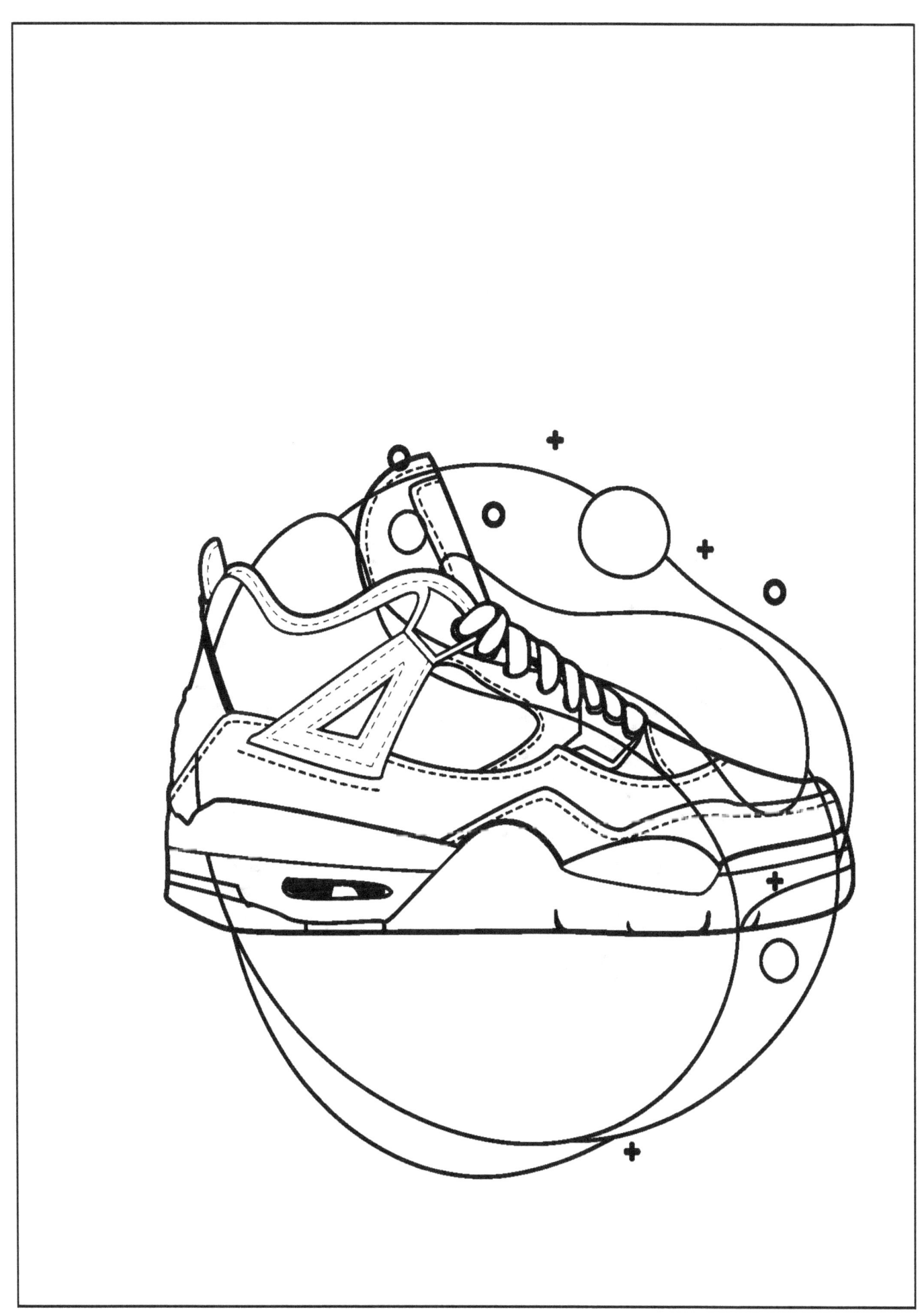

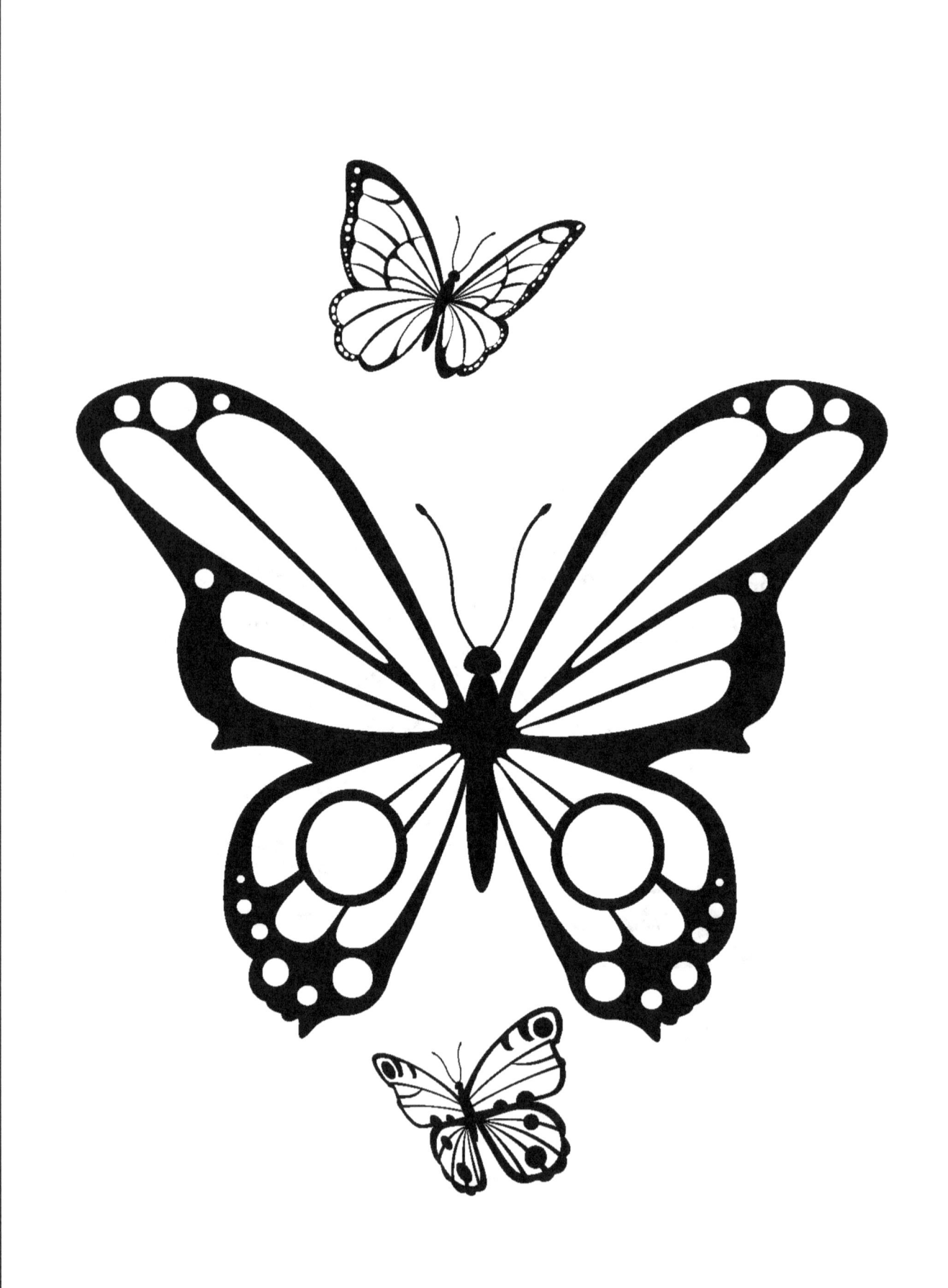

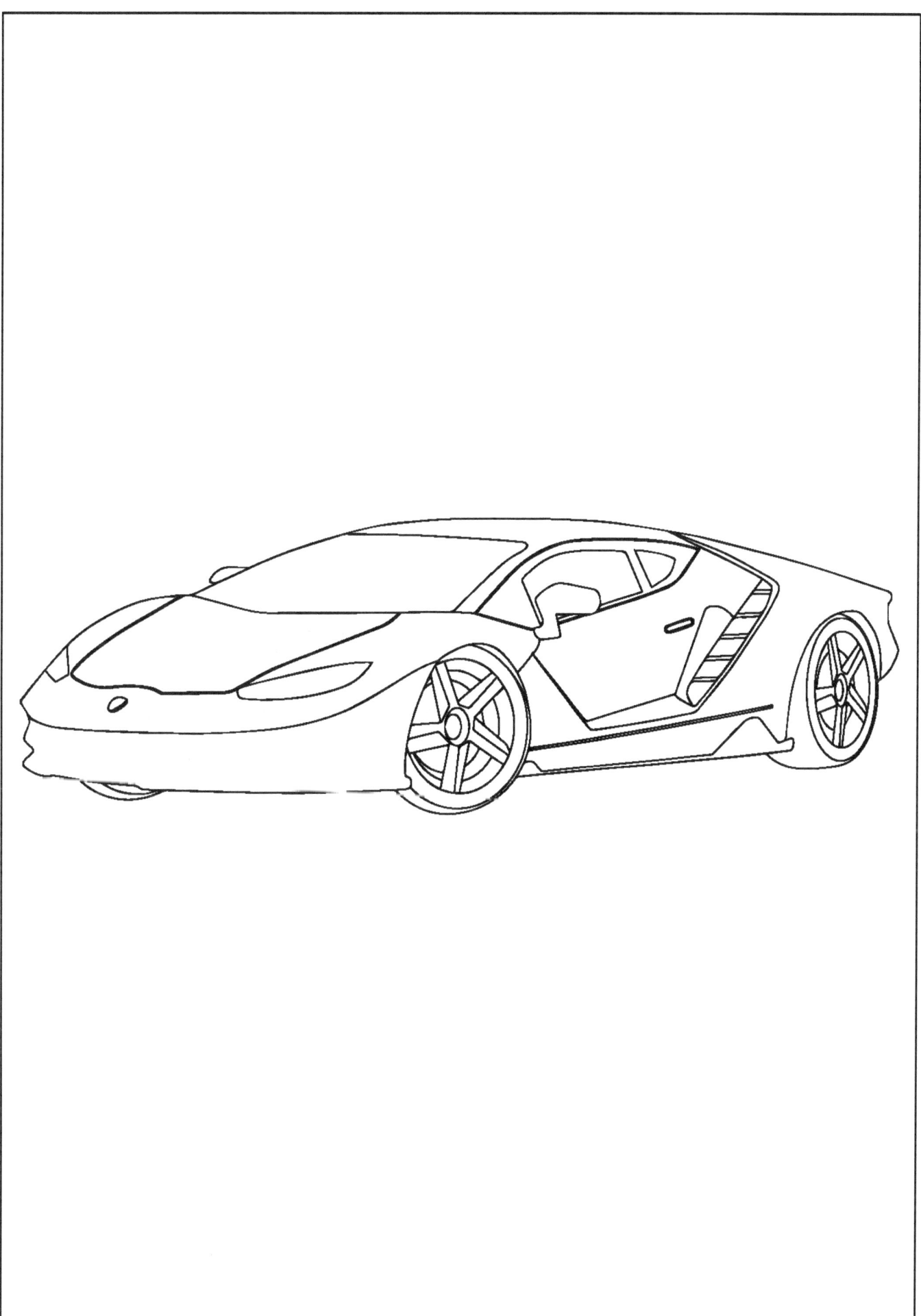

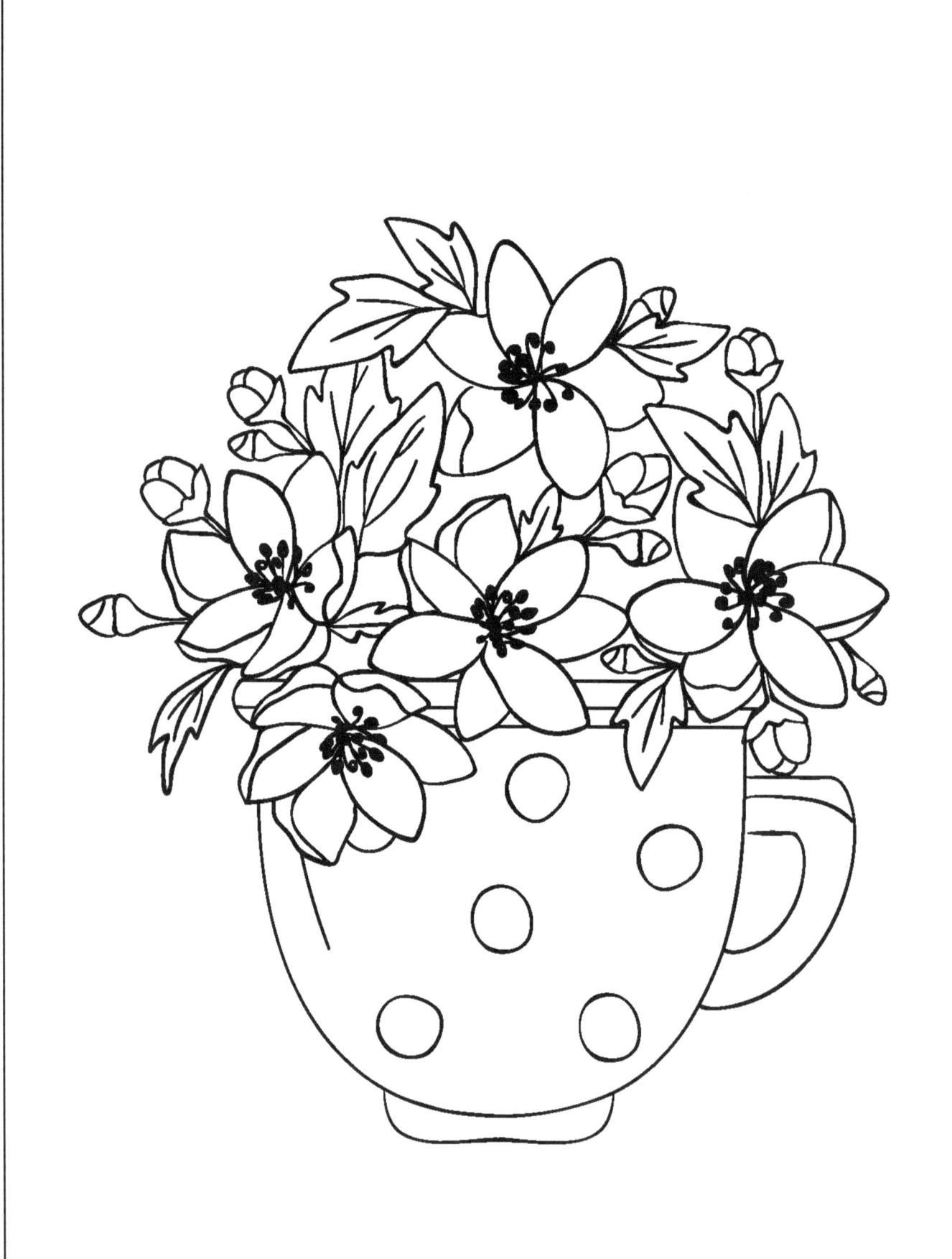

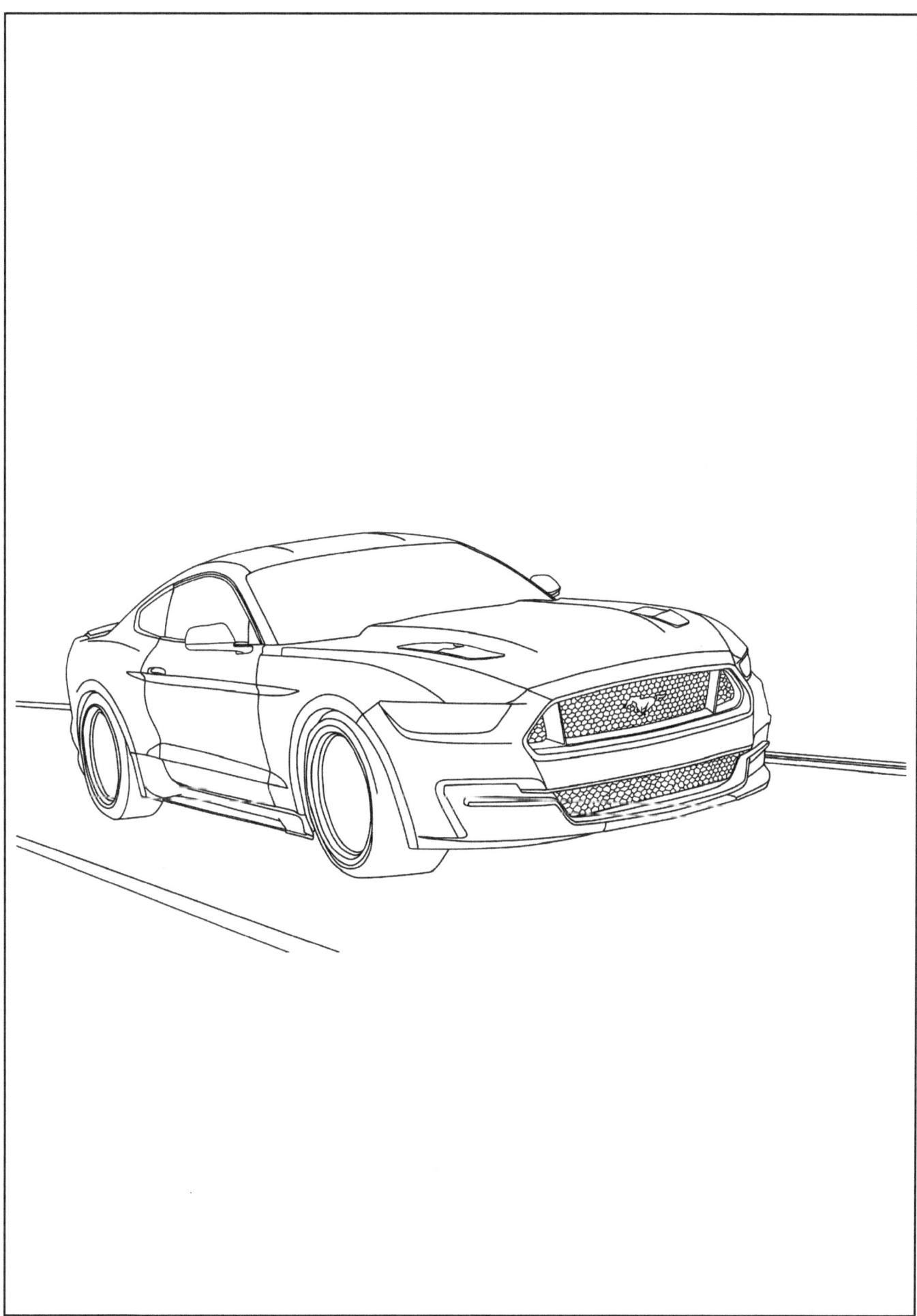

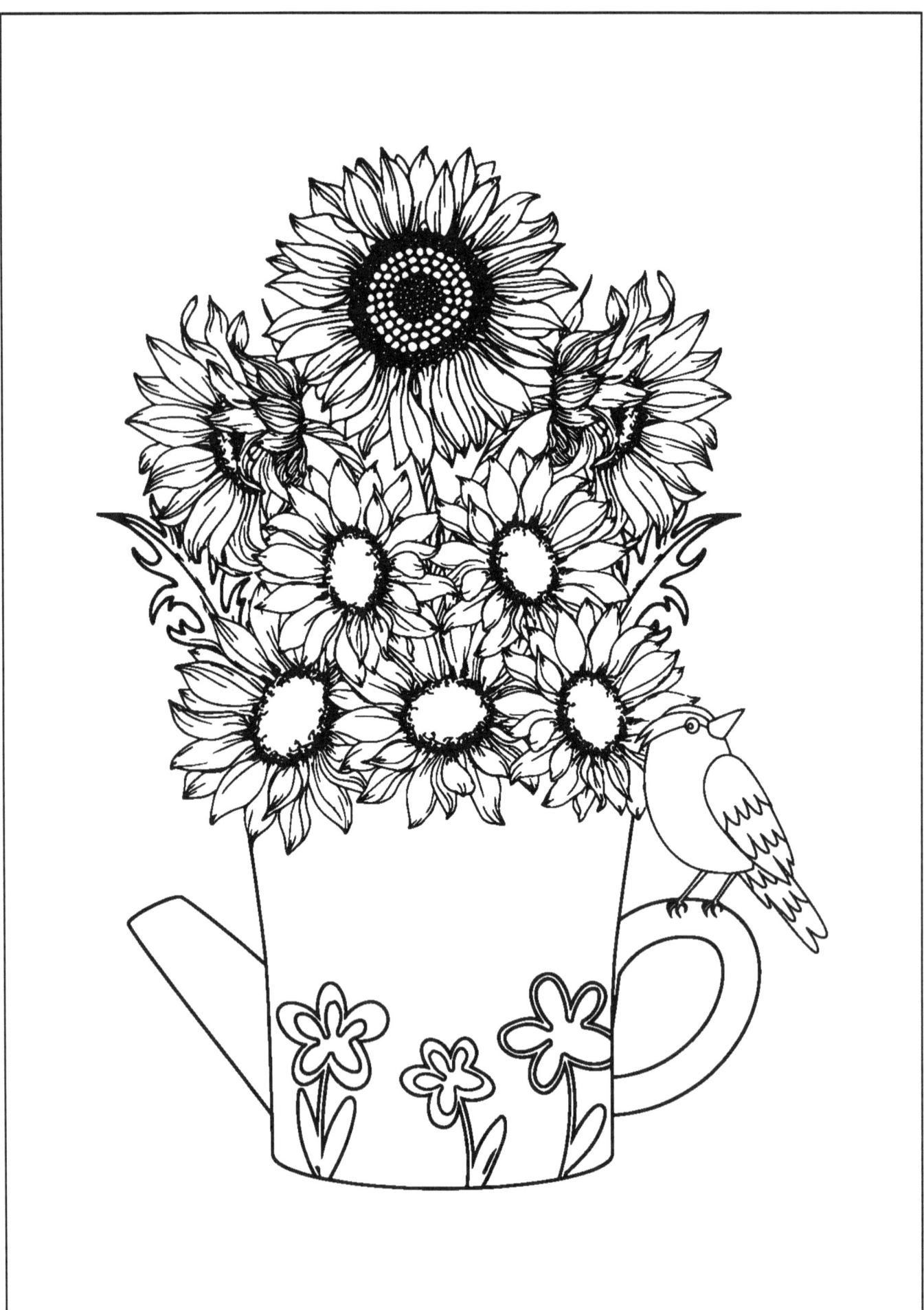

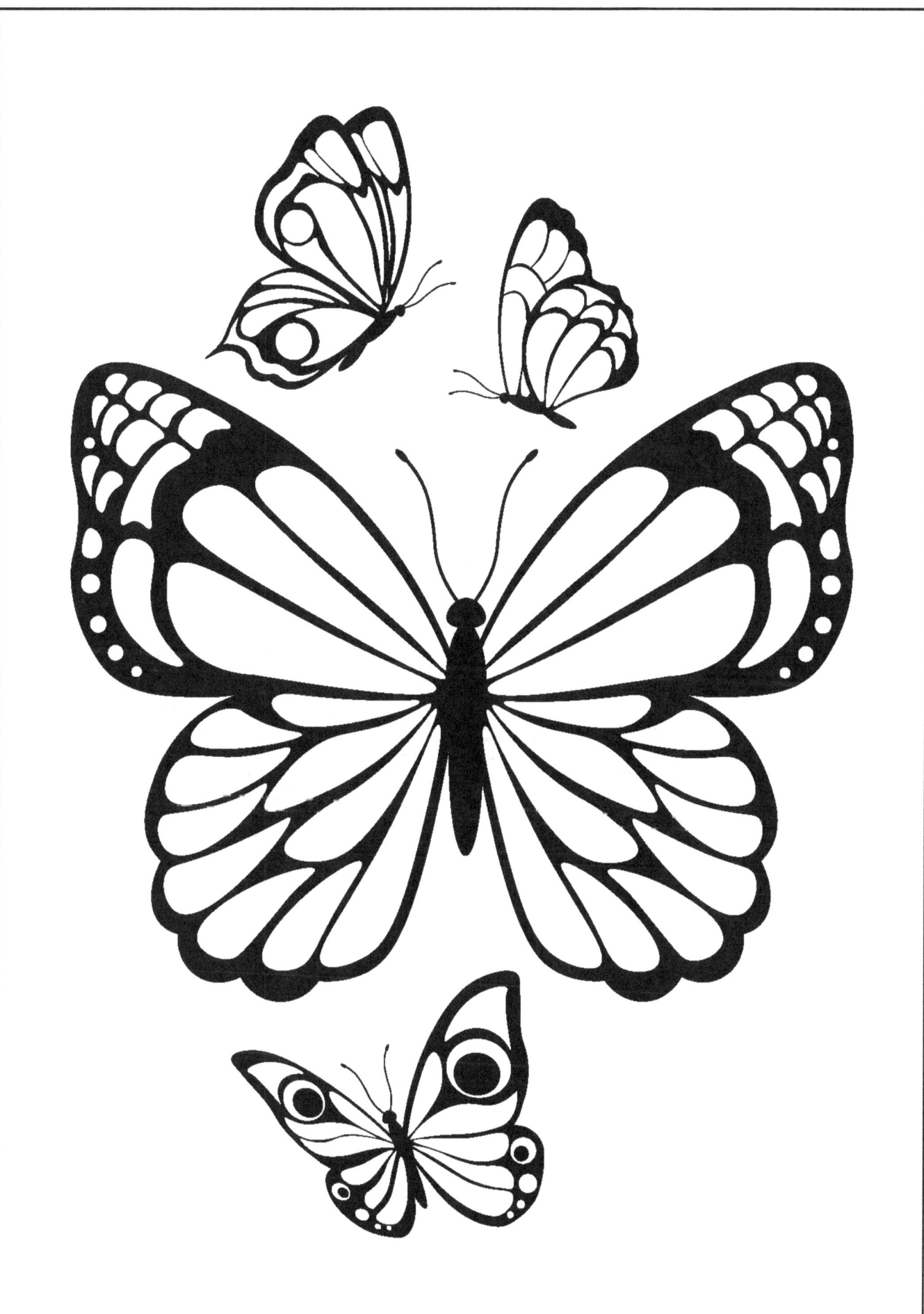

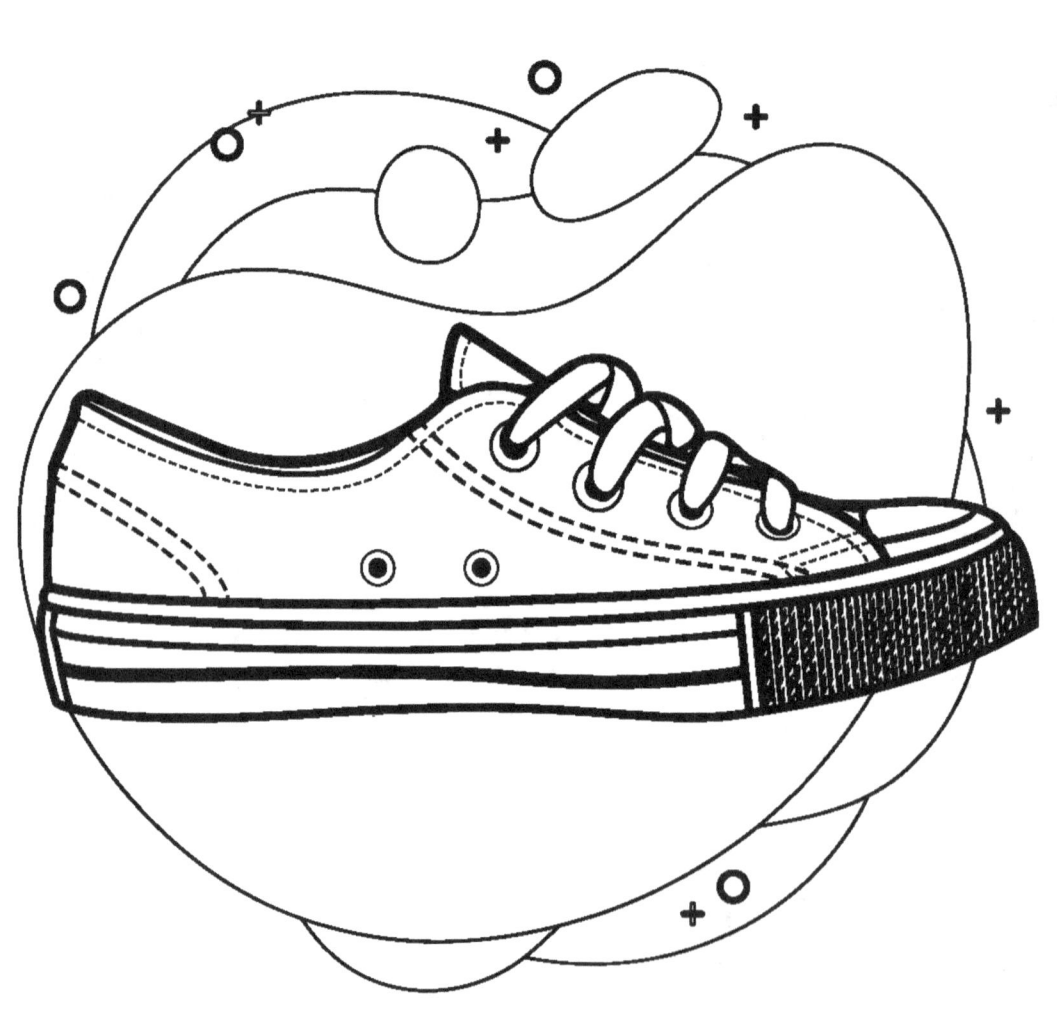

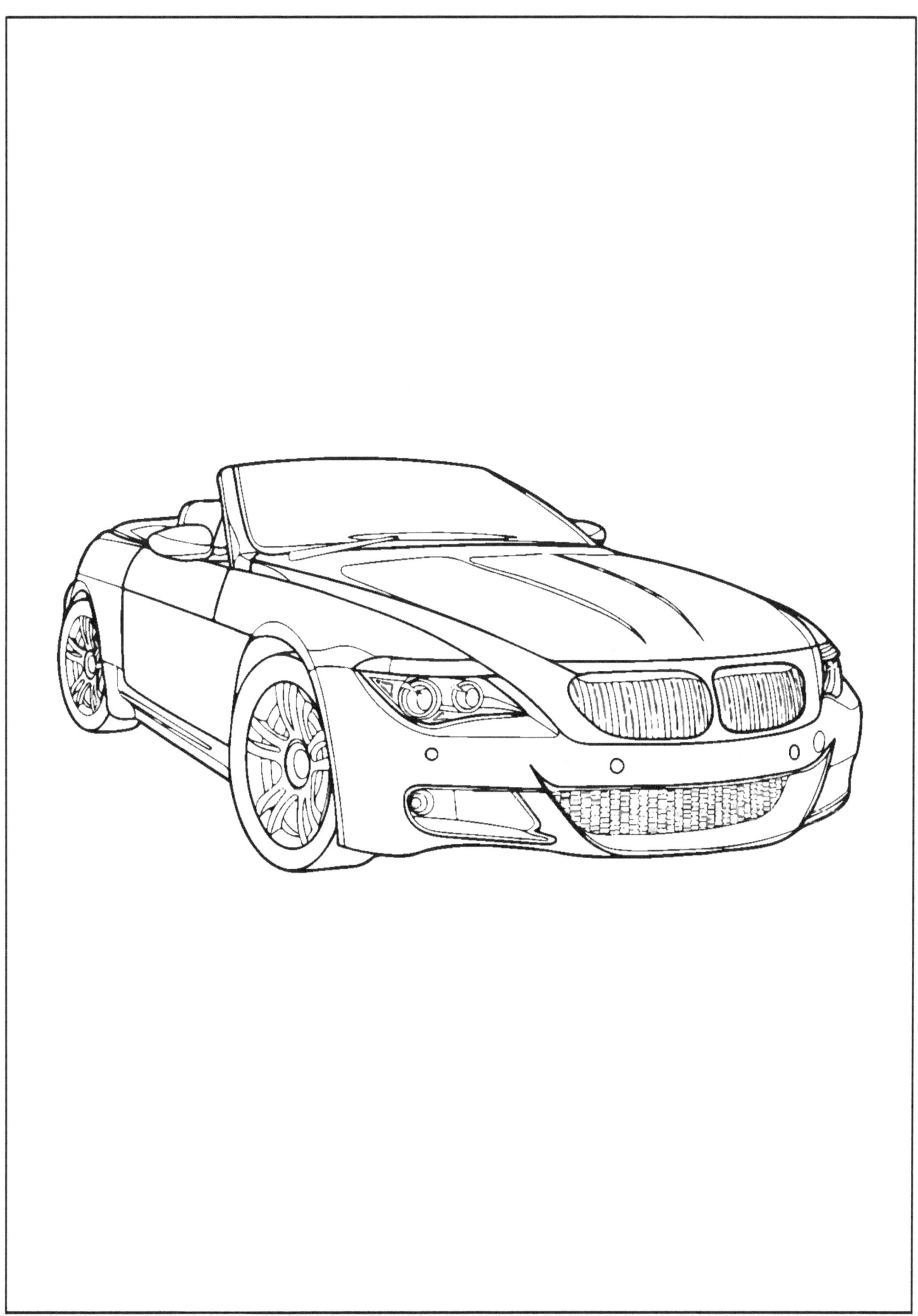

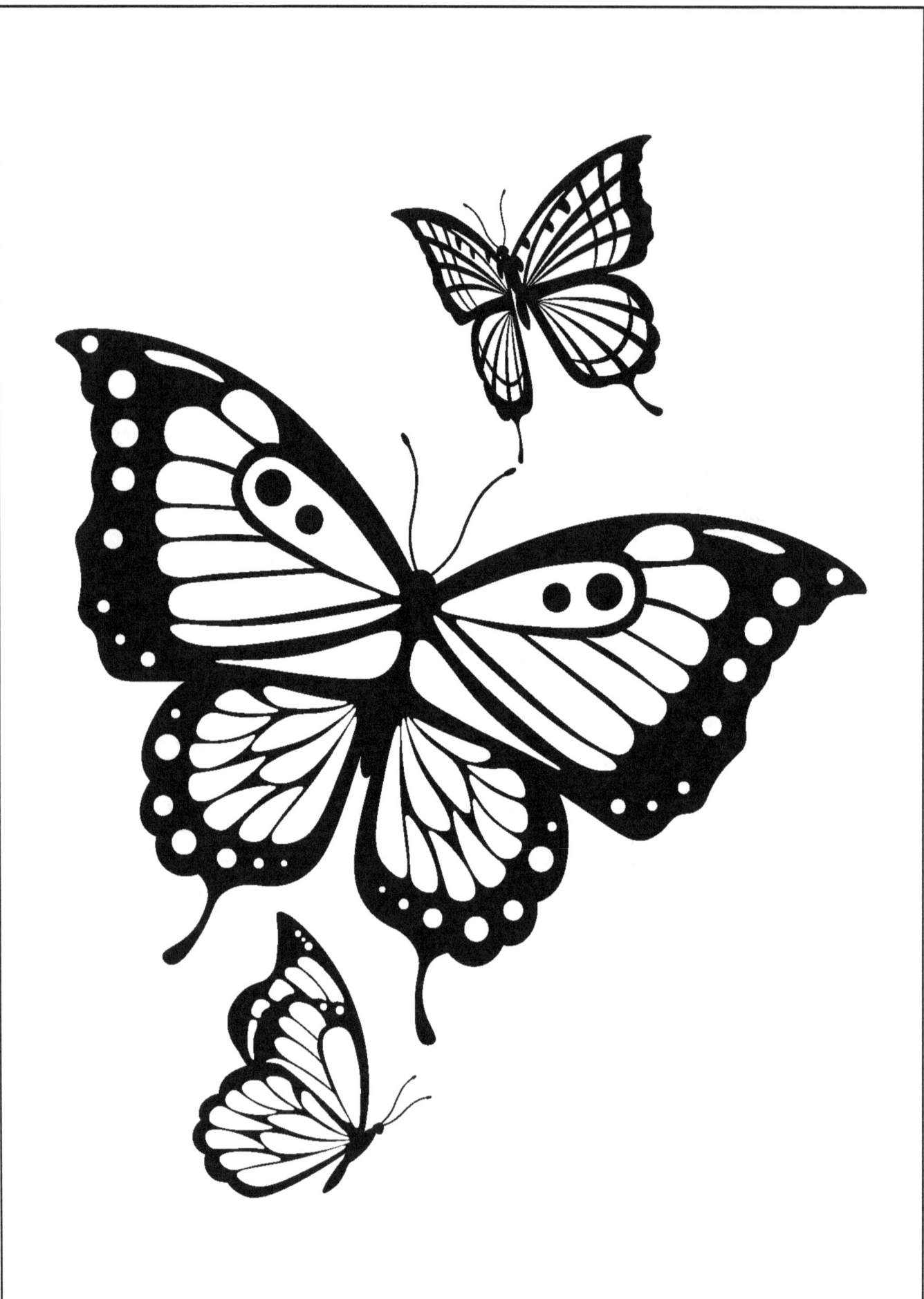

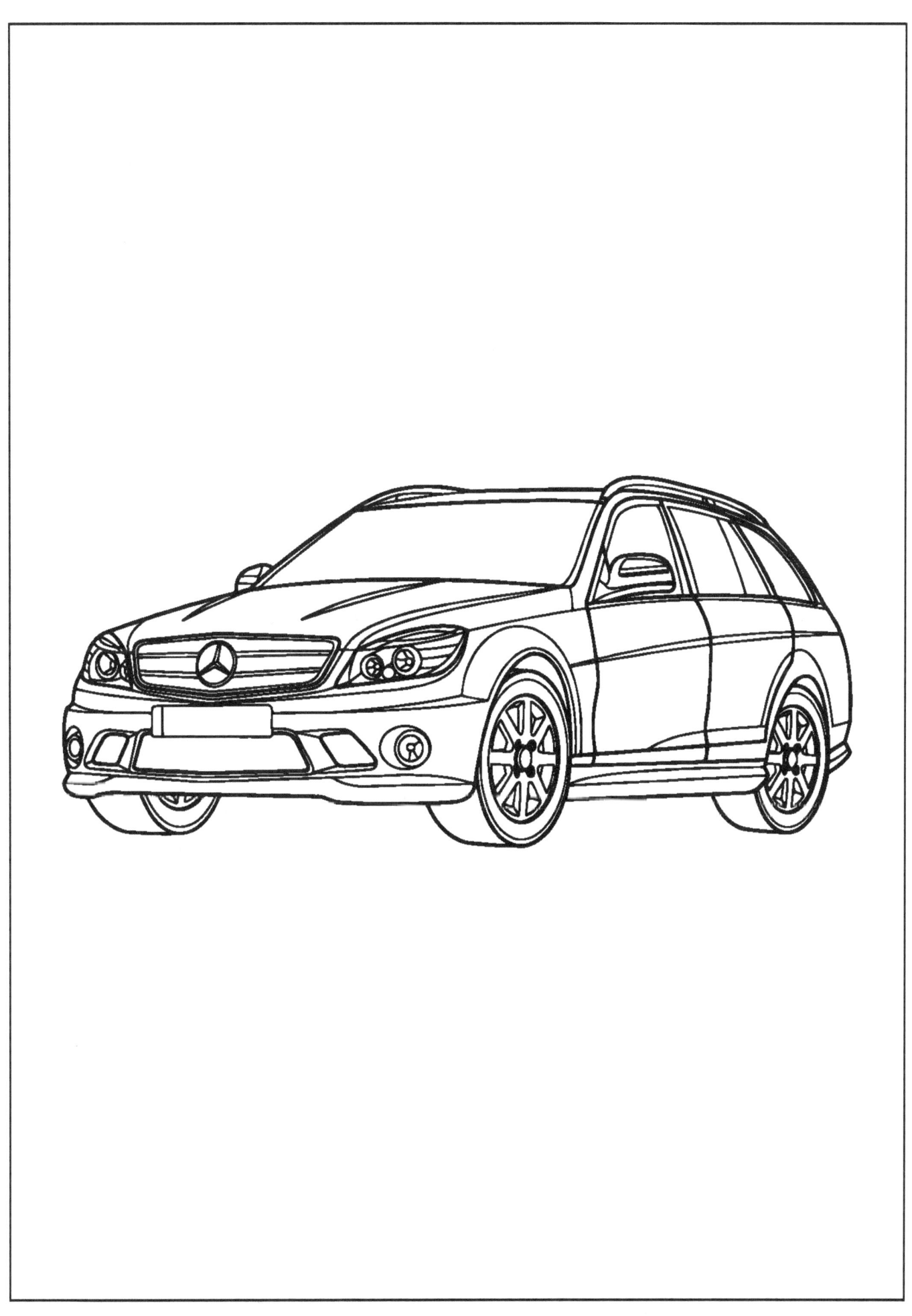

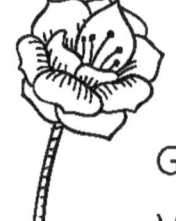
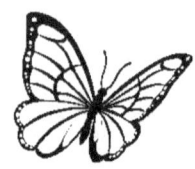

```
G R Q O W J O R D A N ' S , A
V N M A V I A N D R E T R O S
I Q T B U C H A N E L H C K W
W X D R Q R R O N E S , E X F
J D R K F P T K N B R V X A I
J Q J C V A I R F O R C E E X
D W Y U W I M V U X Q S I E V
I D A Q Y R B W V , X L I O D
M E K I N S E N G U D G O V N
G T I K R J R V P K T U V I V
Q C R F S M L R M H Y C N S A
N E W B A L A N C E , C O K N
P T M P L H N X H K X I T J S
H B J I O M D A S H B P S U ,
W C S I U P S H H , X V R E P
```

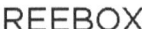

REEBOX   TIMBERLANDS
JORDAN'S   RETROS
VANS   PRADA
AIRFORCE   GUCCI
ONES   CHANEL
NEWBALANCE   AIRS
AIRMAXS   DUNKS

```
I  F  X  V  K  E  M  C  V  U  W  Q  B  E  P
L  A  M  B  O  R  G  H  I  N  I  L  C  A  K
J  G  J  G  S  H  G  Z  G  Q  M  Y  N  V  B
V  F  X  K  H  A  J  R  W  F  O  A  Z  F  O
Y  S  H  M  D  I  E  H  H  R  D  N  G  V  X
G  O  Q  F  Y  V  R  V  -  J  E  C  L  E  O
Z  P  Z  E  O  T  A  S  L  B  A  O  E  B  M
D  F  P  R  E  A  L  A  S  L  V  G  X  U  A
N  A  O  R  I  L  B  E  L  T  O  Z  U  G  S
N  C  R  A  O  H  D  I  E  A  F  R  S  A  E
V  X  S  R  Y  E  D  J  U  U  N  I  I  T  R
N  R  C  I  C  A  R  A  P  D  Z  D  Z  T  A
G  A  H  R  C  A  C  D  H  I  C  T  B  I  T
W  T  E  S  L  A  X  N  W  J  S  H  C  M  I
H  M  V  K  H  Y  D  M  U  L  V  R  N  V  W
```

BMW
MERCEDESBENZ
AUDI
TESLA
PORSCHE
LEXUS
VOLVO
LAMBORGHINI

FERRARI
LAND ROVER
JAGUAR
CADILLAC
ROLLS-ROYCE

MASERATI
BUGATTI

```
C A M E L L I A D J Q U X O U
L N S Y M S U N F L O W E R V
P M N F T B R D P L I L A C X
A D E I P T C O A G R K G H G
R D Q U G L A D I O L I W I H
V A N P C D R Z P T A G C D R
C H R Y S A N T H E M U M S M
A L Y F I N A P P F R Y P S S
V I L J F W T O L I L I E S Y
D A F F O D I L S E L S J H B
I M A R I G O L D U O Y Z E S
W T I X O E N J T R T H A I D
E H C D P X S K I O U G N E R
D N D T X X K I R I S N K W J
Y Q U D Q B B F N L T X H D M
```

ROSE
TULIPS
ORCHIDS
SUNFLOWER
LILIES
DAFFODILS
MARIGOLD

LOTUS
DAHLIA
GLADIOLI
CARNATIONS
CHRYSANTHE-
MUMS
CAMELLIA
IRIS
LILAC

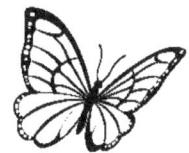

```
E P L N J A Y O T C C T P Z N
F R F O B Q U J V O D O A B C
R G J M M A W H I T E R R W A
E M A N D A R I N P N T L N M
N M A L L I G A T O R O X D E
M J G Z F S H V L A F I S H L
C I E L M P E W A W Q S R P S
O Y S T E R C A T C H E R E M
L L P L R A R F H L G A E C N
G R E B E K F S V I Y B L O R
G R N L B S Q Y T O W L G E L
I E G U A N A C O N D A V G G
F H U E D V F A D S R C Y Y Z
C B I F M H B D P D M K A N J
V R N D T G D E G H Q F L L X
```

MANDARIN FISH
WHITE TIGER
LEAFY SEA
DRAGON
ELEPHANT
LIONS
PENGUIN
TORTOISE

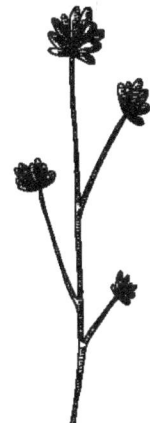

ALLIGATOR
OYSTERCATCHER
ANACONDA
GREBE
BEES
BLACK MAMBA
BLUE WHALE
CAMEL

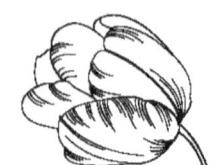

```
B F H I W P R O M I S S O R Y
Z D Y E J R N Q X N O T E , Q
K W Z F P L N V M E M B L D L
C A S H I E R ' S A L A Q Q R
J D S L A N G , T D T N W F T
A , C Y E M A Z Y I K K Z W F
C H E C K , D N P B W R L M N
R O A U S E K A C R Z O B R H
N S I D U M C A W E O L I L R
B A N K N O T E A O S L L Y N
N U J O J D O L L A R , L M G
F B E P T U H P L T F D , . W
F M M O N E Y H E F Y W E R Z
M F L F C F J F T S J Y X R Y
E H C T T Z U E . J S U M L ,
```

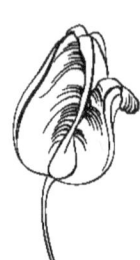

BANKROLL,
CAPITAL,
FINANCES,
FUNDS,
ROLL.
SLANG,
WAD,
WALLET.

BANKNOTE
CASHIER'S
CHECK,
MONEY
ORDER,
NOTE,
PROMISSORY
NOTE
BILL,
DOLLAR,

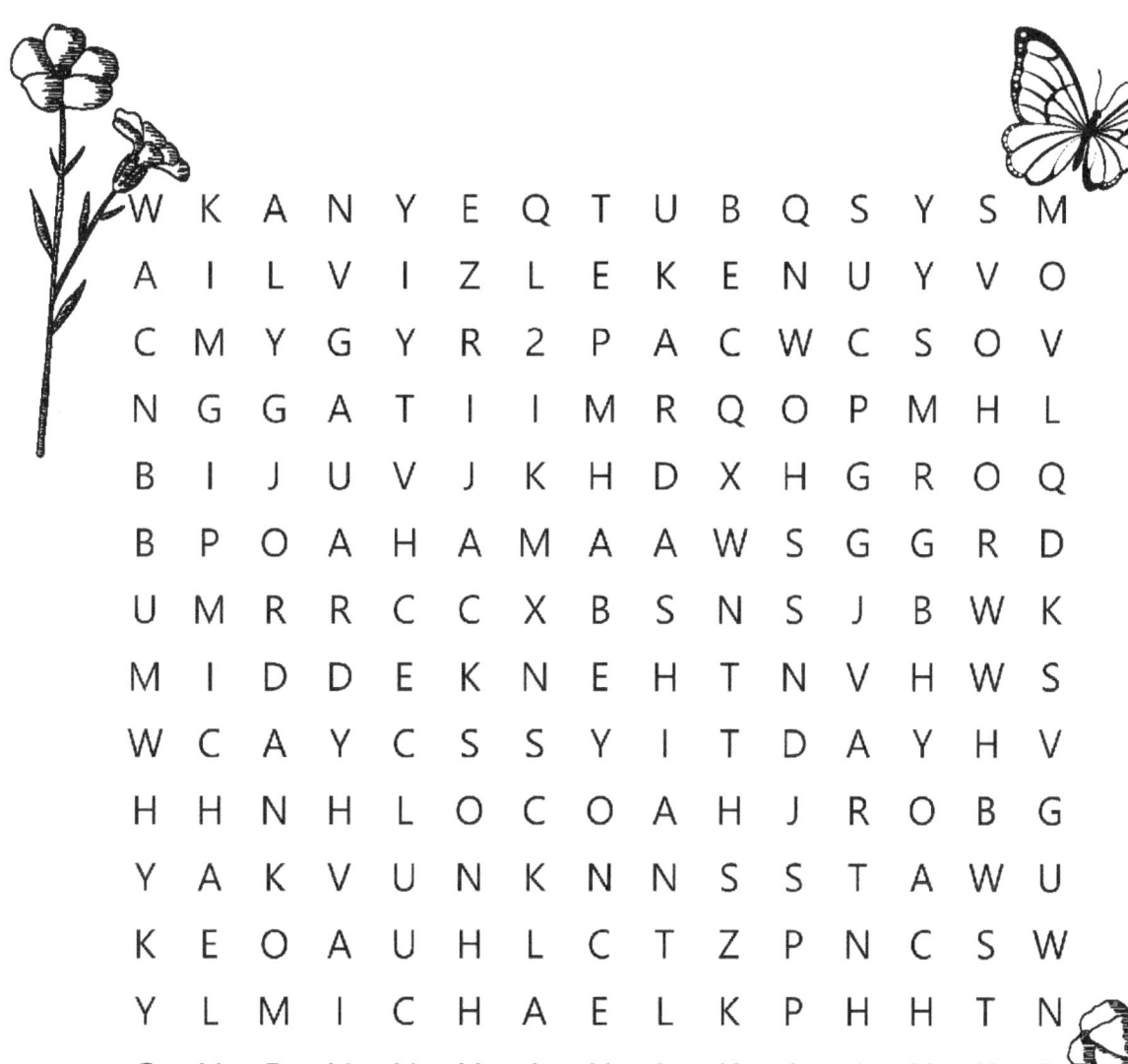

```
W K A N Y E Q T U B Q S Y S M
A I L V I Z L E K E N U Y V O
C M Y G Y R 2 P A C W C S O V
N G G A T I I M R Q O P M H L
B I J U V J K H D X H G R O Q
B P O A H A M A A W S G G R D
U M R R C C X B S N S J B W K
M I D D E K N E H T N V H W S
W C A Y C S S Y I T D A Y H V
H H N H L O C O A H J R O B G
Y A K V U N K N N S S T A W U
K E O A U H L C T Z P N C S W
Y L M I C H A E L K P H H T N
S Y B H X X A X L K A J Y K B
S H Q U W P R Y O D F N W K U
```

MICHAEL
JORDAN
MICHAEL JACKSON
KANYE
JACKSON
KANYE
BEYONCE.

RIHANNA
JAYZ
2PAC
BIGGIE
KIM KARDASHIAN
OUT KAST

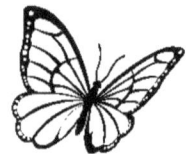

```
C A Y B G H V B O K X C R M M
O I W P N E N T F U M B O R K
Y L A A Q A A P H Q G E M D W
C A R R B R T E U R T T A I Q
I Q K A O T L R D N R R N S X
P O L M U B D W A T S A T L C
N A A O P R F L O V E Y I O U
U N D U R E L F K L X A C Y H
I C M R F A I T H F U L , A I
T N I D G K D A A M T X Y L S
R B R U C Z B E S T I E S , E
X I E R R U B K N W S F H S U
D A R L I N G P M F S G Z S T
R P T C Q N C S X D L G Z Y L
Q Y M T Q E I G M F E C F V C
```

ADMIRER
BESTIES,
BETRAYAL
DARLING
DISLOYAL,
FAITHFUL,

GALLANT
HEARTBREAK
INAMORATO
LOVE
PARAMOUR
ROMANTIC,

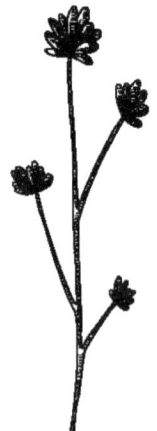

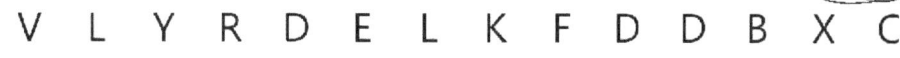

```
J V L Y R D E L K F D D B X C
A H Q T J T A P Q I O X J B X
E E X C E W U N I F C U Y D
V O C A L Y V T C F T C O S Q
C C R S L I B X B E O F A I M
A O H B H S T U T O R I H N P
X F I P O L I C E E S G N E Y
U R F P F A A N H J , H B S P
R C P I H W A C G B E T B S X
W T A B R Y A U T E C E C M M
E B A N K E R X O R R R M A Q
F J H O T R D X B V E , D N R
V M J K K S H G Z C F S S A M
H M E S O , D B M N D A S W G
Z M Y H Z B T B F O K S R , F
```

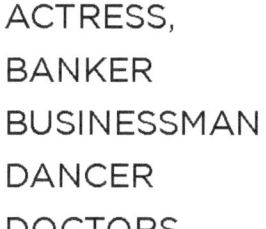

ACTRESS,
BANKER
BUSINESSMAN
DANCER
DOCTORS,

FIGHTER,
FIRE
LAWYERS,
POLICE
SINGER,
TEACHER
TUTOR

```
S L C O N T E S T S O N B C F
M P A O B J I L Z M J X B F C
Q L R U N - I N N T K L C D Y
E R G F Q T A D U P H L W G E
P U U Z B R A W L T U N T Q
D D M I A B L O W U P I A R J
Y A E W R F X W V C R B F Z F
U D N Q R L R A C E M R E F N
K J T D E A H A K O R U H E E
W C M E L P N C C A M S V L F
S D G I T L I G P A G H Y R H
E B V K M B H G L E S N H P K
M V W E U G M V X E J G N M R
W H G Q Y E S W D F J M P E Y
V Y O W H R K M P Q J U W J U
```

- ARGUMENT
- BEEF
- BICKERING
- BLOWUP
- BRAWL
- BRUSH
- COMBAT
- CONTEST
- CONTROVERSY
- FLAP
- FRACAS
- QUARREL
- RUN-IN
- TIFF
- WRANGLE

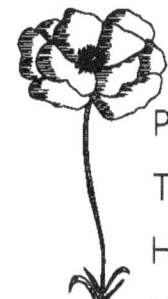
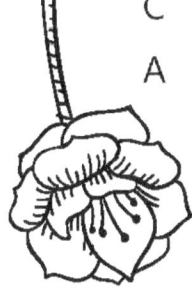

```
P L E N T E O U S N E S S Q W
T P R O S P E R O U S N E S S
H L E M T K O D O X K F X M U
H I G P O T H R I V I N G Q C
D F L Y I N G C O L O R S Y C
Z E F M S Y T K D F Y E K Q E
F O G Z B E D O F R O S E S S
F F V I C T O R Y A M V I X S
T L C V L G O O D T I M E S F
X U P L E N T Y N N R O N X U
G X T H S L W O U L N A Z I L
E U T G R A V Y T R A I N K N
N R U R G H A E O C V U B G E
C Y H I G H O N T H E H O G S
A U E A S Y S T R E E T L G S
```

BEDOFROSES
EASYSTREET
FLYINGCOLORS
GOODTIMES
GRAVYTRAIN
HIGHONTHEHOG

LIFEOFLUXURY
PLENTEOUSNESS
PLENTY
PROSPEROUSNESS
SUCCESSFULNESS
THEGOODLIFE
THRIVING
VELVET
VICTORY

www.ingramcontent.com/pod-product-compliance
Lightning Source LLC
Chambersburg PA
CBHW080223220526
45472CB00017B/2003